BEI GRIN MACHT SICH IHR WISSEN BEZAHLT

AF135800

- Wir veröffentlichen Ihre Hausarbeit, Bachelor- und Masterarbeit

- Ihr eigenes eBook und Buch - weltweit in allen wichtigen Shops

- Verdienen Sie an jedem Verkauf

Jetzt bei www.GRIN.com hochladen und kostenlos publizieren

GRIN

Bibliografische Information der Deutschen Nationalbibliothek:

Die Deutsche Bibliothek verzeichnet diese Publikation in der Deutschen National-bibliografie; detaillierte bibliografische Daten sind im Internet über http://dnb.d-nb.de/ abrufbar.

Impressum:

Copyright © 2019 GRIN Verlag
Druck und Bindung: Books on Demand GmbH, Norderstedt Germany
ISBN: 9783346039781

Dieses Buch bei GRIN:

https://www.grin.com/document/501302

Dominik Horwath

Konzept und Implementierung einer Single Page Application mit AngularJS

GRIN Verlag

GRIN - Your knowledge has value

Der GRIN Verlag publiziert seit 1998 wissenschaftliche Arbeiten von Studenten, Hochschullehrern und anderen Akademikern als eBook und gedrucktes Buch. Die Verlagswebsite www.grin.com ist die ideale Plattform zur Veröffentlichung von Hausarbeiten, Abschlussarbeiten, wissenschaftlichen Aufsätzen, Dissertationen und Fachbüchern.

Besuchen Sie uns im Internet:

http://www.grin.com/

http://www.facebook.com/grincom

http://www.twitter.com/grin_com

Standort München

Berufsbegleitender Studiengang

Wirtschaftsinformatik (B. Sc.)

6. Semester – Hausarbeit

Konzept und Implementierung einer SPA mit AngularJS

Module: Strategische IT-Entwicklung & Trends

Autor: Dominik Horwath

Abgabetermin: 28.07.2019

Inhaltsverzeichnis

Abbildungsverzeichnis IV

Abkürzungsverzeichnis IV

1. Einleitung 1

1.1 Problemstellung 1

1.2 Motivation 1

1.3 Forschungsfrage 2

1.4 Ziel und Aufbau der Arbeit 2

2. Einführung in Angular 2

2.1 HTML und CSS 2

2.2 JavaScript 3

2.3 MVC 4

2.4 Single Page Application (SPA) 5

2.5 Angular 6

3. Hauptteil 11

3.1 Methodisches Vorgehen 11

3.2 Implementierungsgrundlagen 11

3.2.1 Ordnerstruktur 11

3.2.2 Extern eingebundene Inhalte 11

3.3 Implementierung View 12

3.3.1 Index.html 12

3.3.2 home.html 13

3.3.3 game.html 13

3.4 Implementierung Controller 15

3.4.1 game.js 15

3.4.2 controller.js..16

3.4.3 service.js..17

3.5 Auswertung und Diskussion 18

4. Schluss 19

4.1 Fazit...19

4.2 Reflektion..19

Literaturverzeichnis..21

Internetdokument 21

Anhang 23

Abbildungsverzeichnis

Abbildung 1: MVC Muster 4

Abbildung 2: SPA Lifecycle 5

Abbildung 3: Two-Way Databinding...7

Abbildung 4: View game.html 15

Abkürzungsverzeichnis

AJAX ....asynchrones JavaScript und XML

API .... application programming interface

CSS..Cascading Style Sheets

DI ....dependency injection

DOM .... Document Object Model

HTML .... Hyper Text Markup Language

HTTPS ....Hypertext Transfer Protocol Secure

ITU .... International Telecommunication Union

JSON ....JavaScript Object Notation

MPA .... Multi Page Application

MVC.. Model View Controller

SPA .... Single Page Application

URL..Uniform Resource Locator

UX... User Experience

W3C ....World Wide Web Consortium

1. Einleitung

1.1 Problemstellung

Weltweit verwenden immer mehr Menschen das Internet. Das belegt die Studie von International Telecommunication Union (ITU) die besagt, dass die Anzahl 2005 noch bei 1 Milliarden und 2017 bereits 3,9 Milliarden Benutzern lag.[1] Auch die Nutzungsdauer des Internet ist gestiegen. 2005 lag sie in Deutschland bei 46 Minuten am Tag und hat sich 2018 mit 196 Minuten mehr als vervierfacht.[2] Daraus kann abgeleitet werden, dass die Auslastung der Webserver stetig steigt. Um diese Auslastung zu senken, können Single Page Applications (SPA), welche nur teilweise den Inhalt der Seite nachladen, verwendet werden. Ein weitere Herausforderung ist, dass die Anforderungen der User an die Webseiten immer größer werden. Schlagwörter sind User Experience (UX) und Usability. Ersteres beschreibt das subjektive Nutzererlebnis, Usability hingegen die Benutzbarkeit der Webseiten.[3] Durch die Umsetzung der Anforderungen, steigt die Komplexität der Webanwendung und in Folge dessen die des Programmcodes. Um einen komplexen Programmcode zu entwickeln, zu testen und zu warten, sollten bestimmte Architekturmuster eingehalten werden. Dies kann durch das MVC Muster erreicht werden, welches die Programmkomponenten in Model, View und Controller unterteilt. Somit ist eine Single Page Applikation mit einem MVC Muster geeignet, um die oben genannten Herausforderungen zu adressieren. Ob die Kombination umsetzbar ist, soll in dieser Hausarbeit herausgearbeitet werden.

1.2 Motivation

Anfang des Jahres informierte ich mich über Stellen im Bereich der Programmierung und stellte fest, dass viele Firmen Mitarbeiter suchen, welche neben JavaScript auch Frameworks wie Angular beherrschen. Ebenfalls ist das Thema einer SPA in meinem beruflichen Umfeld sehr aktuell. Der Grund ist, dass ich im Mai eine Stelle als Junior Entwickler

---

[1] Vgl. https://www.itu.int/en/ITU-D/Statistics/Documents/statistics/2018/ITU_Key_2005-2018_ICT_data_with%20LDCs_rev27Nov2018.xls, Zugriff am 08.06.19.
[2] Vgl. https://de.statista.com/statistik/daten/studie/1388/umfrage/taegliche-nutzung-des-internets-in-minuten/, Zugriff am 08.06.19.
[3] Vgl. https://www.gruenderszene.de/lexikon/begriffe/user-experience, Zugriff am 25.06.19.

mit dem Schwerpunkt Web Frontend antrat und mich daher mit effizienteren und fehlertoleranteren Programmierarchitekturen beschäftige.

1.3 Forschungsfrage

Wie kann eine Single Page Application mit dem Architektur Muster MVC umgesetzt werden? Die Antwort erfolgt prototypisch am Beispiel des JavaScript Frameworks AngularJS.

1.4 Ziel und Aufbau der Arbeit

Im einführenden Kapitel wird zum einen die Basis der Webtechnologien HTML, CSS und JavaScript beschrieben. Zum anderen werden die in der Einleitung bereits erwähnten Architekturmuster MVC und SPA genauer erläutert. Im nächsten Einführungsabschnitt wird auf das Framework AngularJS eingegangen, welches für den Prototyp verwendet wurde. Um die Erklärungen zu verdeutlichen sind vereinzelt Beispielcodes mit in den Text aufgenommen worden. Im Hauptteil wird nun die implementierte SPA beschrieben. Dabei werden erst die Grundlagen geklärt. Anschließend werden die einzelnen Files, d.h. der Programmcode beleuchtet. Im Schluss wird nochmal auf die Vor- und Nachteile von Angular eingegangen, sowie ein Fazit gezogen.

Ziel dieser Arbeit ist es, dem Leser die Implementierung einer Single Page Applikation mit JavaScript Framework AngularJS zu erläutern und anschließend die Eignung dieses Frameworks für den Web-Architekturansatz MVC mit SPA zu bewerten.

2. Einführung in Angular

2.1 HTML und CSS

HTML steht für Hyper Text Markup Language und wurde das erste Mal 1991 von Tim Berners-Lee in einer E-Mail erwähnt[4]. Er hat es in dem Dokument „HTML Tags" welches 1992 erschienen ist genauer beschrieben.[5] HTML ist eine Auszeichnungssprache, die Informationen durch sogenannte HTML Tags semantisiert und durch Verschachtelung in

---

[4]   Vgl. http://lists.w3.org/Archives/Public/www-talk/1991SepOct/0003.html, Zugriff am 06.06.19.
[5]   Vgl. https://www.w3.org/History/19921103-hypertext/hypertext/WWW/MarkUp/Tags.html, Zugriff am 06.06.19.

eine Hierarchie einordnet. Erst dadurch kann der Webbrowser Informationen interpretie-
ren und somit anzeigen.[6] Ein HTML Tag einer Überschrift ist beispielsweise <h1> Überschrift </h1>. Innerhalb der Tags stehen die semantisierten Informationen. Die aktuellste
Version ist HTML5.2, welche durch die Empfehlung von W3C initial am 14. Dezember
2014[7] und die Major Version 5.2 im Dezember 2017[8] erschienen ist.

Um die optische Erscheinung des Inhalts zu manipulieren werden die HTML Elemente
durch CSS (Cascading Style Sheets) erweitert. Darunter werden beispielsweise Farben,
Formen aber auch Abstände zwischen den Elementen verstanden. Diese Technologie
wurde ebenfalls durch die Empfehlung von W3C 1996 veröffentlicht.[9] Die aktuellste Version ist CSS4 oder auch Selectors Level 4 genannt, welche im September 2011 von W3C
veröffentlicht wurde.[10] Dabei gibt es vordefinierte CSS-Frameworks, welche eingebunden werden können und darin die gängigen HTML-Tags bereits optisch verändert werden, ohne selbst ein CSS File zu erstellen. Ein Beispiel dafür ist Bootstrap, welches in
dem Prototyp verwendet wurde.

2.2 JavaScript

JavaScript ist eine Programmiersprache, welche im Jahre 1995 vom Brendan Eich entwickelt wurde. Dabei wählte er den Namen bewusst. Grund dafür war die Popularität der
Programmiersprache Java, wobei diese sonst nichts mit JavaScript zu tun hat. Brendan
Eich ermöglichte dadurch dynamisch Webinhalte, indem die Inhalte basiert auf Benutze-
rinteraktionen[11] verändert werden. Die gängigste JavaScript Anwendung ist die des cli-
entseitigen JavaScript Interpreters, der in Webbrowsern enthalten ist. Der Interpreter führt
das Skript aus, welches wiederum das Document Object Model (DOM) manipuliert und
dadurch das angezeigte HTML Dokumente verändert.[12] Dabei ist die Definition von
DOM eine plattform- und programmiersprachenunabhängige Schnittstelle, welche die
dynamische Anpassung eines Dokuments ermöglicht[13]. In diesen Arbeit wird unter DOM

---

[6] Vgl. Niederst Robbins, Jennifer. HTML & XHTML (2010) S. 1.
[7] Vgl. https://www.w3.org/TR/html50/, Zugriff am 06.06.19.
[8] Vgl. https://www.w3.org/TR/html52/, Zugriff am 06.06.19.
[9] Vgl. https://www.w3.org/TR/CSS1/, Zugriff am 06.06.19.
[10] Vgl. https://www.w3.org/TR/2011/WD-selectors4-20110929/, Zugriff am 06.06.19.
[11] Vgl. o.V. What about JavaScript? (2015).
[12] Vgl. Flanagan, David. JavaScript (2006) S. 4.
[13] Vgl. https://www.w3.org/DOM/, Zugriff am 06.06.19.

der HTML DOM verstanden, welcher die Struktur respektive Verschachtelung der HTML Tags beschreibt.

Um JavaScript zu verwenden, wird der Code direkt zwischen den HTML Tags <script></script> implementiert. Eine alternative Möglichkeit ist es, den Pfad des JavaScript Files als Referenz innerhalb des Head-Tags des HTML Dokuments einzubetten. Anschließend können die eingebundenen Funktionen innerhalb der verschiedenen HTML Tags aufgerufen werden. Beispielsweise wird mit folgender Zeile ein Button definiert. Durch drücken des Buttons wird eine Nachrichtenbox mit dem Inhalt „der Button wurde gedrückt" erscheinen.

```
<button onclick="alert('der Button wurde gedrückt');"> Alert </button>
```

Im Zusammenhang mit JavaScript sollte auch AJAX kurz erläutert werden. AJAX ist ein Akronym für asynchrones JavaScript und XML. Es werden mithilfe von JavaScript XML Dokumente erzeugt und verarbeitet.[14]

Wie für CSS gibt es auch für JavaScript Frameworks. In dieser Arbeit wird das JavaScript Framework AngularJS verwendet

2.3 MVC

MVC steht für Model, View und Controller. Es ist ein Architekturmuster, in dem die Anwendungskomponenten eines Programms oder einer Webseite in diese drei Bereiche unterteilt wird. Model steht für die Daten bzw. Datenstruktur. View ist die Visualisierung d.h. die grafische Oberfläche, die dem User angezeigt wird. Unter Controller wird die Steuerung verstanden.[15] Der Zusammenhang dieser Komponenten lässt sich in folgendem Beispiel erkennen. Der Benutzer interagiert mit der View. Dabei verwendet er Steuerungselemente wie Eingabefelder. Der View leitet die eingegebenen Daten an den Controller weiter, welcher das Model modifiziert. Durch die Änderung des Models kann sich nun der View ändern, denn dort werden die gespeicherten Daten visualisiert.

Abbildung 1: MVC Muster

---

[14] Vgl. Flanagan, David. JavaScript (2006) S. 502.
[15] Vgl. https://glossar.hs-augsburg.de/Model-View-Controller-Paradigma, Zugriff am 08.06.19.

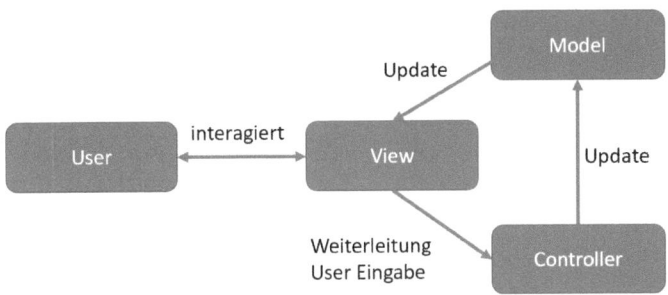

Quelle: https://glossar.hs-augsburg.de/Model-View-Controller-Paradigma

2.4 Single Page Application (SPA)

Single Page Application sind über den Browser aufrufbare Webseiten. Gegenüber der Multi Page Application (MPA) werden sie dadurch charakterisiert, dass durch eine User Interaktionen nicht die volle Webseite neu geladen werden muss. Es werden nur die nötigen Komponenten der Seite nachgeladen.[16] Dadurch wird Bandbreite gespart und die Ladezeit verkürzt. Resultat ist, dass der User ein flüssiges Userinterface bedient, welches mit einer Desktop Anwendung vergleichbar ist. Der Ablauf eines Aufrufs einer SPA startet mit dem initialen HTTPS Request vom Client an dem Server. Der Client erhält anschließend das initiale HTML Dokument, Skripte, Bilder und weitere Webinhalte. Bei anschließender User Interaktion wird ein AJAX Request an den Server gesendet, der via JSON Response beantwortet wird.[17]

Abbildung 2: SPA Lifecycle

---

[16] Vgl. Oh, Jaewon et al. Automated Transformation of Template-Based Web Applications into Single-Page Applications, (2013): S. 292.
[17] Vgl. https://msdn.microsoft.com/en-us/magazine/dn463786.aspx?f=255&MSPPError=-2147217396, Zugriff am 26.06.19.

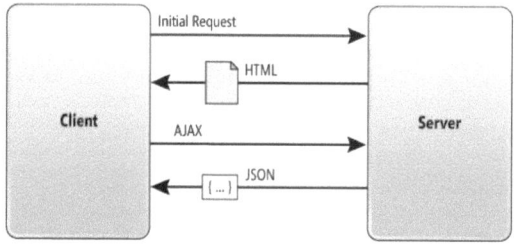

Quelle: https://msdn.microsoft.com/en-us/magazine/dn463786.aspx?f=255&MSPPError=-2147217396

Das Erstellen der SPAs wird mithilfe von JavaScript, HTML5 sowie AJAX erreicht. Dabei gibt es verschiedene Frameworks wie AngularJS, die zusätzlich verwendet werden können und die Entwicklung vereinfachen.

2.5 Angular

AngularJS oder Angular 1 bezeichnet ein JavaScript Framework, welches von Google Inc. entwickelt wurde und verwaltet wird. Dabei ist die erste Version am 21.10.2010 erschienen. [18] Die aktuellste Release Nummer ist Version 7, wobei erwähnt werden muss, dass die Entwicklungssprache ab Angular 2 nicht JavaScript, sondern TypeScript ist. In dieser Arbeit wird nicht auf das TypeScript eingegangen, nachdem AngularJS verwendet wird. AngularJS ermöglicht auch bei Webanwendungen ein MVC Model. Durch Aufteilung in Model, View und Controller wird die Modularität gesteigert. Es kann die grafische Oberfläche separat von Datenhaltung und Steuerung entwickelt werden. Somit können Front- und Back End Entwickler unabhängig voneinander entwickeln und testen. In AngularJS wird der View durch das kompilierte View-Template repräsentiert. Unter Model wird wiederum der Scope verstanden. Controller repräsentieren die Controller Komponenten aus dem MVC Muster. Diese und weitere AngularJS Konzepte und Komponenten werden in folgendem Kapitel erläutert.

---

[18] Vgl. https://github.com/angular/angular.js/releases?after=v0.9.4, Zugriff am 28.06.19.

Two-Way Databinding

In Angular wird aus dem HTML Dokument (Template) durch den Compiler ein Echtzeit
View erzeugt. Dieser View ist immer mit dem Model verbunden (Binding). Das bedeutet,
wenn das Model geändert wird, ändert sich in Echtzeit der View und vice versa.[19]

Abbildung 3: Two-Way Databinding

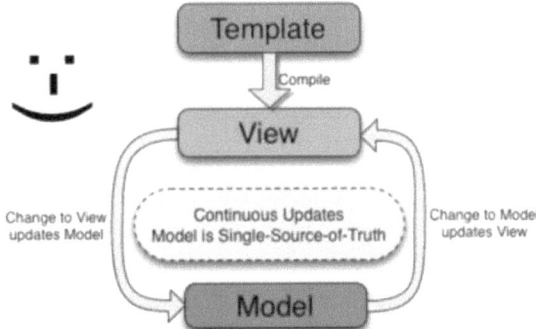

Quelle: https://docs.angularjs.org/guide/databinding

Module

Ein Modul ist ein Container, welcher die unterschiedlichen Bestandteilen der Applikation
miteinander verknüpft. Die Bestandteile sind beispielsweise Controller, Services, Filter,
Animationen, Direktiven und Weitere. Module in Angular sind vergleichbar mit der Main
Methode von anderen Programmiersprachen.[20]

Ein Modul wird folgendermaßen deklariert:

```
var myAppModule = angular.module('newApp', []);
```

View-Templates

Die Templates sind in HTML geschrieben und beinhalten neben den normalen HTML
Tags auch Attribute von AngularJS. Mögliche Attribute sind Direktiven, Filter, Formularkontrollen sowie Interpolation Markup.[21]

---

[19] Vgl. https://docs.angularjs.org/guide/databinding, Zugriff am 26.06.19.
[20] Vgl. https://docs.angularjs.org/guide/module, Zugriff am 26.06.19.
[21] Vgl. https://docs.angularjs.org/guide/templates, Zugriff am 26.06.19.

Interpolation Markups

Unter Interpolation Markups ist die Notation mit doppelt geschweiften Klammern zu verstehen. Innerhalb dieser Klammern wird die Expression (eng. für Ausdruck) von Compiler, mithilfe des $interpolate Service interpoliert. Im Beispiel des Controllers, wird die Expression „out" durch den im Controller festgesetzten Wert interpoliert.[22]

Filter

Durch Filter werden die Inhalte der Expression für den User formatiert. Dabei wird innerhalb des Interpolation Markups nach einer Pipe der Filter angegeben.

{{ Expression | Filter }}

Als Filter können Buchstaben eingesetzt werden, sodass beispielsweise nur Arrayfelder ausgegeben werden, welche diesen Buchstaben beinhalten. Es existieren zudem vordefinierte Filter wie „reverse", durch welchen der Inhalt rückwärts ausgegeben wird. Ein weiterer Einsatz von Filtern ist die Formatierung der Ausgabe. So wird durch den Filter „currency" die Ausgabe als Währung angezeigt. AngularJS bietet noch weitere Filteroptionen.[23]

Formularkontrolle

Durch Formularkontrollen wird die Eingaben des Users clientseitig validiert. Die Validierung kann neben vorhandener Validatoren auch individualisiert werden. Wird beispielsweise einem Eingabefeld der Typ „email" zugewiesen, muss der User eine E-Mail-Adresse eingeben, sonst wird er durch einen Fehler darauf hingewiesen. Die Validierung findet bei jeder Model Manipulation statt. Nachdem die Änderung des Inhalts ebenso eine Manipulation ist, geschieht das Validieren in Echtzeit. Dies kann aber durch gewisse Parameter zeitverzögert oder sogar deaktiviert werden.[24]

Direktiven

Durch Direktiven wird dem Compiler mitgeteilt, DOM Elementen bestimmte Verhaltensweisen zuzuordnen. Dabei gibt es bereits vorhandene Direktiven wie „ng-repeat" was als

---

[22] Vgl. https://docs.angularjs.org/guide/interpolation, Zugriff am 26.06.19.
[23] Vgl. https://docs.angularjs.org/guide/filter, Zugriff am 26.06.19.
[24] Vgl. https://docs.angularjs.org/guide/forms, Zugriff am 26.06.19.

Schleife verwendet werden kann, um den Inhalt eines Arrays auszugeben. Es ist ebenfalls möglich eigene Direktiven zu implementieren.[25]

Controller

Ein Controller initiiert den Wert und bestimmt das Verhalten des Scopes, welcher im nachfolgenden Teil beschrieben wird. Der Controller kann über die $route Definition einem View zugeordnet werden. Eine weitere Möglichkeit ist, den Controller mit der ngController Direktive einem DOM-Element im View zuzuweisen. Dadurch ist es möglich mehrere Controller einem View zuzuordnen. Dabei werden Controller in verschiedenen Hierarchien im DOM mit der ngController Direktive zugewiesen. Durch diese Direktive wird eine Controller Instanz und dabei gleichzeitig ein dazu gehöriges Scope Objekt erzeugt. Deshalb wird, wenn diese Direktive hierarchisch im DOM verwendet wird, eine Scopes Struktur erschaffen. Jede Controller Instanz kann nur auf den Scope in seiner oder in einer höheren Hierarchie zugreifen. Der Scope wird durch $scope in der Deklaration des Controller der Controller Instanz zur Verfügung gestellt.

Controller sollten nicht verwendet werden, um den DOM zu manipulieren oder die Ein- oder Ausgabe zu formatieren. Des Weiteren sollten Sie nicht dafür verwendet werden, untereinander einen Programmcode oder einen Status zu teilen. Für diesen Fall bietet AngularJS eigene Komponenten wie Services, Filter und Forms an.[26]

Im folgendem Beispiel ist ein Controller deklariert. Darin wird dem $scope Objekt „out" der String „Hello World" zugewiesen. Im View wird anschließend „out" ausgegeben.

```
newApp.controller('HelloWorldController', ['$scope', function($scope) {
        $scope.out = 'Hello World!';
}]);
<div ng-controller="HelloWorldController">
        {{ out }}
</div>
```

Scopes

Scopes sind im Browserspeicher abgelegte Objekte, welche durch bestimmte Direktiven erzeugt werden. Sie werden analog zum DOM hierarchisch angeordnet. Es beginnt bei

---

[25] Vgl. https://docs.angularjs.org/guide/directive, Zugriff am 26.06.19.
[26] Vgl. https://docs.angularjs.org/guide/controller, Zugriff am 26.06.19.

jeder AngularJS Applikation mit einem Root Scope, welcher mit der Direktive ng-app erstellt wird. Der Root Scope kann nun ein oder mehrere Child Scopes besitzen. Diese Child Scopes werden durch bestimmte Direktiven im DOM wie ngController oder ngRepeat erstellt. Bei der Erstellung der Child Scopes spielt die hierarchische Anordnung eine große Rolle, nachdem die Scopes voneinander erben. Wenn beispielsweise eine Expression in diesem Scope nicht definiert ist, prüft AngularJS ob sie im Parent Scope verfügbar ist. Ist das nicht gewünscht bietet AngularJS die Möglichkeit isolierte Scopes zu erstellen.

Scope Objekte überwachen mit der API $watch Änderungen im Model. Es wird während der Verlinkungsphase zwischen den Direktiven und dem Scope eingerichtet. Findet eine Änderung im Model statt, wird sie an die Direktiven im View weitergegeben und dadurch angezeigt. Nachdem die Controller Instanz auf den Scope zugreifen kann, ist die Verbindung zwischen der Controller Instanz und dem Scope geschaffen. Auf der anderen Seite sind Scope und View über die Direktiven verbunden. Das Scope Objekt ist somit das Verbindungsstück zwischen Controller und View.[27]

Services

Services werden dafür verwendet, um Programmteile in der Anwendung wiederzuverwenden. Dabei werden die Services durch dependency injection (DI) in Controllern, Services, Filtern oder Direktiven eingebettet und können somit innerhalb der verschiedenen Komponenten verwendet werden. Ebenfalls können Services mit $provide innerhalb der Komponente bekannt gemacht werden. Im nachfolgendem Beispielcode wird der anyService mit DI im AnyController bekanntgemacht.[28]

```
controller('AnyController', ['$scope', 'anyService', function($scope, anyService) {...}
AnyModule.service('anyService', function() {
    Return foo
});
```

[27] Vgl. https://docs.angularjs.org/guide/scope, Zugriff am 26.06.19.
[28] Vgl. https://docs.angularjs.org/guide/services, Zugriff am 26.06.19.

3. Hauptteil

3.1 Methodisches Vorgehen

Im ersten Schritt der Hausarbeit wurden Tutorials über AngularJS, Angular6 und React durchgearbeitet. Dabei wurde zunächst in einem Texteditor entwickelt. Nach Rücksprache mit dem Dozenten, wurde sich zum einen auf AngularJS als Sprache für den Prototypen und zum andern auf Eclipse als Entwicklungsumgebung geeinigt. Die Literaturrecherche fand mit EBESCO, Google Scholar sowie Google statt. Es wurde nach AngularJS, SPA, MVC und JavaScript gesucht. Basierend auf dieser initialen Recherche wurde ein grober Entwurf der Gliederung erstellt. Nach Rücksprache mit dem Dozenten und durcharbeiten der Ergebnisse der ersten Literaturrecherche, kristallisierten sich weitere zu erwähnende Technologien wie DOM, HTML sowie CSS heraus. Die Gliederung wurde daraufhin angepasst.

3.2 Implementierungsgrundlagen

Der Prototyp wurde mit Eclipse Java EE IDE for Web Developers erstellt. Dafür wurde das AngularJS Eclipse 1.2.0 Plugin installiert.

3.2.1 Ordnerstruktur

Die Ordnerstruktur des Projekts ist wie folgt:
- *WebContent*
  - *index.html*
  - *controller.js*
  - *game.js*
  - *services.js*
  - *pages*
    - *game.html*
    - *home.html*

3.2.2 Extern eingebundene Inhalte

Bei diesem Prototyp wurden drei externe Inhalte eingebunden. Der erste davon ist das AngularJS Framework. Es ist eine JavaScript Datei

https://ajax.googleapis.com/ajax/libs/angularjs/1.7.8/angular.min.js

Als nächstes wurde das Route Module von AngularJS eingebettet, was ebenfalls eine JavaScript Datei ist.

```
https://ajax.googleapis.com/ajax/libs/angularjs/1.7.8/angular-route.js
```

Zuletzt wurde noch Bootstrap eingebunden. Hierbei handelt es sich um eine CSS Datei.

```
https://maxcdn.bootstrapcdn.com/bootstrap/4.3.1/css/bootstrap.min.css
```

3.3 Implementierung View

Die Implementierung des Views aus dem MVC Model findet in den Files index.html sowie game.html und home.html statt.

3.3.1 Index.html

Index.html ist ein klassisches HTML Dokument. Darin wird im HTML-Tag <html> die Direktive ng-app verwendet, um die AngularJS Applikation myGame zu referenzieren.

```
<html ng-app="myGame">
```

Daraufhin wird innerhalb des Heads die externen JavaScript Dateien und CSS Dateien hinzugefügt.

Im Body des HTML Dokuments wird die Navigation definiert, sowie die Klassen für ein Bootstrap Navigationsdesign den HTML Tags zugewiesen

```
<ul class="nav nav-tabs">
    <li class="nav-item">
        <a class="nav-link" href="#/!">Home</a>
    </li>
    <li class="nav-item">
        <a class="nav-link" href="#!/game">Game</a>
    </li>
</ul>
```

Immer noch im Body, wird nach dem Menü die Direktive ng-view in einem div-Tag eingebunden. An dieser Stelle wird, basierend auf der Route-Konfiguration in games.js, der Inhalt zwischen dem div-Tag nachgeladen.

```
<div ng-view></div>
```

Am Ende des Bodys, werden game.js, controller.js sowie services.js eingebunden.

```
<script src="game.js"></script>
<script src="controller.js"></script>
<script src="services.js"></script>
```

3.3.2 home.html

Home.html ist die erste Seite, die durch das Routing geladen wird. Sie beinhaltet keinen Head- oder Body-Tag. Die Importe der externen und internen Java Skripte, sowie der CSS Datei sind nicht mehr notwendig. Grund ist, dass das Dokument an die Stelle der ng-view Direktive in index.html geladen wird und darin die Tags und Importe bereits vorhanden sind. Des Weiteren beinhaltet Home.html Bootstrap Klassen, welche dem div-Tags zugeordnet sind.

```
<div class="jumbotron jumbotron-fluid">
        <div class="container">
                    <h1>Home</h1>
                    <p>{{message}}</p>
        </div>
</div>
```

3.3.3 game.html

Das Dokument game.html beinhaltet aus denselben Gründen wie home.html keinen Head- und Body Tag sowie Importe. Der Anfang des Dokuments ist vergleichbar mit home.html.

```
<div class="jumbotron jumbotron-fluid">
        <div class="container">
                    <h1>Rock, Paper, Scissors</h1>
                    <p>Simulator</p>
        </div>
</div>
```

Anschließend werden mithilfe der Bootstrap Klasse „row" und „col" definiert, welche die Anordnung der Elemente innerhalb des Views regelt.

```
<div class="row">
        <div class="col">
                <h3 cass="span">Choose:</h3>
                <div cass="span">
```

Mit der nächsten Zeile wird im ersten Moment nur ein Button definiert. Dieser Button enthält keine Beschriftung, sondern die Expression {{x}}. Es wird jedoch durch die

Direktive ng-repeat und ihrem Inhalt „x in selection", die Zeile so oft wiederholt, wie in dem Array selection Eintrage vorhanden sind. Zusätzlich wird die Expression {{x}} durch den Inhalt des Arrays interpoliert. In der gleichen Zeile wird mit ng-click="play($index)" definiert, dass bei einem Klick auf den Button die Funktion play mit dem Index des Arrayeintrags aufruft.

```
<button type="button" class="btn btn-outline-primary" ng-repeat="x in selec-
tion"><span ng-click="play($index)">{{x}}</span></button>
```

Nun werden noch weitere Expressions eingefügt, welche durch die Auswahl und das Ergebnis interpoliert werden.:

```
<p>

    You Choose: {{ownrps}} </br>

    Computer Choose: {{pcrps}} </br>

    <h4>{{winner}}</h4>

</p>
```

In der zweiten Spalte des Views wird nun die Historie des Spielverlaufs angezeigt. Dabei werden Klassen von Bootstrap für das Tabellendesign verwendet. Die einzelnen Zeilen der Tabelle werden ebenfalls wieder durch die Direktive ng-repeat eingefügt. Hier ist der Fall, dass sich das Model im Hintergrund ändert. Es wird hier auf ein Array zugegriffen, welches durch den Controller bei jedem Spielvorgang mit neuen Ergebnissen gefüllt wird. Durch die $watch Funktion des Scope Objektes wird das Füllen des Arrays der Direktive weitergegeben. Somit wird der Teil der Historie mit jedem Spielvorgang im Model und im View vergrößert. In diesem Fall muss als Argument für ng-repeat ein „track by $index" angefügt werden. Grund ist das ng-repeat einen eindeutige Schlüssel, oder auch Identifier genannt, benötigt. Wenn nichts weiter angegeben ist, wird der Inhalt als Identifier verwendet, was bei unterschiedlichen Inhalten kein Problem darstellt. Der Inhalt wiederholt sich in diesem Fall nach spätestens 3 Spielen (gewinnen, unentschieden und verloren) was eine Angular Exception zur Folge hat.

```
<div class="col">

    <h3 class="span">History</h3>

    <table class="table table-striped">

        <tr class="span" ng-repeat="x in history track by $index">

            <td>{{x}}</td>

        </tr>

    </table>

</div>
```

Abbildung 4: View game.html

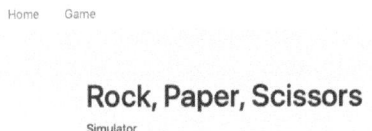

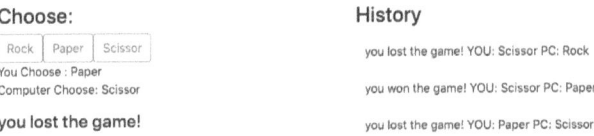

Choose:

| Rock | Paper | Scissor |

You Choose : Paper
Computer Choose: Scissor

you lost the game!

History

you lost the game! YOU: Scissor PC: Rock

you won the game! YOU: Scissor PC: Paper

you lost the game! YOU: Paper PC: Scissor

Quelle: Eigene Darstellung

3.4 Implementierung Controller

Die Implementierung des Controllers aus dem MVC Model findet in den Files game.js, controller.js sowie services.js statt.

3.4.1 game.js

Das JavaScript File game.js beinhaltet die Deklaration des Moduls myGame. Die Deklaration beinhaltet ebenfalls die Dependency Injection von ngRoute. Um später das Modul zu verwenden, wird es der Variable game zugewiesen.

```
var game = angular.module('myGame', ['ngRoute',]);
```

Als nächstes wird das Routing konfiguriert. Dazu liefert das Module myGame die Funktion config. Darin werden durch $routeProvider die Routen erstellt. Hierfür wird die when Methode verwendet. Das erste Argument ist der gesuchte Pfad. Anschließend wird ein Objekt mit dem dementsprechenden Routing übergeben. In diesem Objekt ist zum einen der Pfad des zu ladenden Dokuments hinterlegt und zum anderen der zu verwendende Controller. Der Schluss der $routProvider Konfiguration endet durch die Methode otherwise. Darin wird festgelegt, zu welchem Dokument bei nicht passender URL geroutet werden soll. In diesem Fall wird das home.html geladen.

Die URL der Seite wird immer in $location.url abgelegt. Wenn nun eine URL das Ende /game beinhaltet, wird durch $route, welches die $location.url variable beobachtet, eine existierende Route in $routeProvider gesucht und das Dokument an die Stelle der ngView Direktive im index.html geladen. Dieser Vorgang charakterisiert eine Single Page Applikation.

```
game.config(function($routeProvider){
    $routeProvider
    .when("/", {
        templateUrl : 'pages/home.html',
        controller  : 'HomeController'
    })
    .when("/game", {
        templateUrl : 'pages/game.html',
        controller  : 'GameController'
    })
    .otherwise({redirectTo: '/'});
});
```

3.4.2 controller.js

Im der Datei controller.js werden die AngularJS Controller implementiert. Der erste Controller namens GameController ist für den View game.html verantwortlich. Hier wird als erstes durch die Methode Controller, des Modules myGame, welche in der Variable game hinterlegt ist, der Controller angelegt. Um die Logik im Controller zu verwenden, werden neben dem benötigtem Objekt $scope, die eigens entwickelten Services checkResult und saveResult eingebunden.

```
game.controller('GameController',function($scope, checkResult, saveResult) {
```

Anschließend werden property (eng. für Eigenschaft) message, selection und history an das $scope Objekt angehängt. Die Eigenschaft selection ist ein Array welches Rock, Paper und Scissor beinhaltet. History hingegen ist ein leeres Array und wird der Variable history zugewiesen, um später auf die Array Methoden zuzugreifen.

```
$scope.message = 'Das kommt vom neuen Game Controller';
$scope.selection = ['Rock', 'Paper', 'Scissor'];
var history = $scope.history = [];
```

Als nächstes wird die Funktion play erstellt. Sie ist ebenfalls eine Eigenschaft des $scope Objekts. Ihr wird ein Parameter übergeben, wobei es sich um einen Index des Arrays selection handelt. Nun wird Mithilfe des übergebenen Parameters der String aus dem Array selection in die Eigenschaft ownrps abgelegt. Anschließend wird eine zufällige Nummer zwischen 0-2 in die Variable pcSelection gespeichert. Mit dieser Nummer wird der String, des Arrays selection, in die Eigenschaft pcrps abgelegt. Daraufhin wird die Funktion winner welche im Service checkResult enthalten ist, mit den Variablen ownSelection und pcSelection aufgerufen. Der Rückgabewert des Services wird in der Variable result abgelegt und in der nächsten Zeile, der Eigenschaft winner zugewiesen. Am Ende der play Funktion wird die Methode save des Services saveResult aufgerufen. Hier werden die Eigenschaften ownrps und pcrps sowie die Variable result übergeben. Der Rückgabewert des Aufrufs wird durch die Methode push des Arrays Historie in das Array gespeichert.

```
$scope.play = function (ownSelection) {
    $scope.ownrps = $scope.selection[ownSelection];

    var pcSelection = Math.floor((Math.random() * 3))
    $scope.pcrps = $scope.selection[pcSelection];

    var result = checkResult.winner(ownSelection, pcSelection);
    $scope.winner = result;
    history.push(saveResult.save($scope.ownrps, $scope.pcrps , result));
};
```

Am Ende von controller.js wird noch ein Controller definiert, der lediglich die Eigenschaft message erstellt und ihr einen String zuweist.

```
game.controller('HomeController', function($scope) {
    $scope.message = 'Das kommt vom neuen Home Controller';
});
```

3.4.3 service.js

In der Datei service.js, werden die Services, die innerhalb der Controller benötigt werden implementiert. In Rahmen dieser Arbeit wurden zwei Services implementiert, wovon der Erste für die Bestimmung des Gewinners und der zweite für das Erstellen des History Eintrages verwendet wird. Um einen Service anzulegen, wird die Methode service des Modules myGame, welche in der Variable game hinterlegt ist, verwendet. Der erste Service beinhaltet die Funktion winner. Dieser werden 2 Parameter übergeben, welche die

Spielauswahl des Users und die des Computers beinhalten. Die Nummern sind dabei die Indizes des Arrays selection aus dem Controller gameController.

In der ersten if-Bedingung der Funktion wird geprüft, ob die übergebenen Parameter die gleichen sind. Ist das der Fall, wird „it's a tie!" zurückgegeben. In der nächsten if-Bedingung werden alle Varianten geprüft, welche ein Verlieren des Spiels zur Folge hat und in diesem Fall ein „you lost the game!" zurückgibt. Trifft dies auch nicht zu, wird ein „you win the game!" zurückgegeben.

```
game.service('checkResult', function (){
    this.winner = function (own, pc){
        if(own==pc){
            return 'it\'s a tie!'
        }
        else if (own==0 && pc == 1 || own==1 && pc == 2 || own==2 && pc == 0){
            return 'you lost the game!';
        }
        else{
            return 'you won the game!';
        }
    }
});
```

Im folgenden Service wird die Funktion save erstellt. Dieser wird drei Variablen übergeben. Mithilfe dieser Variablen, wird ein String für einen History Eintrag in die Variable historyEntry gespeichert und entsprechend zurückgegeben.

```
game.service('saveResult', function (){
    this.save = function (own, pc, result){
        var historyEntry= result + " YOU: " + own + " PC: " + pc;
        return historyEntry;
    }
});
```

3.5 Auswertung und Diskussion

Die Schwierigkeit bei Angular ist das Verständnis für den Zusammenhang zwischen Controllern, Scope und Direktiven. Die Scope Vererbung ist ebenfalls kompliziert zu verstehen, wenn keinerlei JavaScript Erfahrung vorhanden ist. Ein weiteres Problem ist, dass AngularJS keine klaren Regeln und viele Konventionen hat, beispielsweise wie Controller und Services zu trennen sind. In kleinen Projekten, wie in dieser Arbeit, ist es unkritisch. Es ist jedoch unklar, was eine falsche Aufteilung in größeren Projekten zur Folge hat. Wenn jedoch die Grundkonzepte von HTML, AngularJS und JavaScript verstanden wurden, ist der Programmcode von AngularJS einfach zu lesen und zu implementieren.

Single Page Applikation können in AngularJS mithilfe der ng-route und ng-view Direktiven einfach implementiert werden. Die Direktive ng-route bietet die Möglichkeit, Controller und den Pfad des nachzuladenden Inhalts zu definieren. In ng-view wiederum der Ort, an dem der nachzuladende Inhalt, in das Dokument eingefügt werden soll. Dadurch wird Bandbreite gespart und das User Interface flüssiger, wodurch die User Experience steigt. Das MVC Model was in AngularJS durch Controller, Direktiven und Scopes leicht umzusetzen ist, steigert die Modularität, wodurch Entwicklung, Testen und Verwalten vereinfacht werden.

4. Schluss

4.1 Fazit

Angular bietet für die Umsetzung von MVC die entsprechenden Funktionen durch Controllern, Scope und Direktiven. Die Anforderung des dynamischen Teilladens von Inhalten, was eine SPA charakterisiert, kann ebenfalls durch das ngRoute Module von AngularJS implementiert werden. Abschließend ist zu sagen, dass eine Single Page Application mit dem Architektur Muster MVC mithilfe von AngularJS umgesetzt werden kann.

4.2 Reflektion

Aufgrund des kleinen Projektumfangs sind die Vorteile und Funktionsweise der SPA nur oberflächlich deutlich geworden. Des Weiteren wird im Grundlagen- sowie Praxisteil hauptsächlich der offizielle AngularJS Entwickler Guide verwendet. Um trotzdem objektiv zu bleiben, sind die Inhalte mit anderen Quellen verglichen worden. Der Vergleich zwischen AngularJS und einer neueren Angular Version wäre interessant gewesen, nachdem dadurch TypeScript und JavaScript gegenübergestellt und deren Eigenschaften verdeutlicht werden. Der Ausbau des Praxisteils, durch den Vergleich zwischen AngularJS und anderen JavaScript Frameworks wie UI5, hätte diese Arbeit ebenfalls angereichert. Diese Arbeit kann als Basis verwendet werden, um die Gegenüberstellung zwischen TypeScript und JavaScript oder den Vergleich von verschiedenen JavaScript Frameworks auszuarbeiten. Abschließend ist anzumerken das zum Verständnis dieser Hausarbeit ein technisches Grundwissen vorausgesetzt wird, da die Grundlagen nur marginal erläutert wurden. Dies ist vor allem an den Themenbereichen HTML, CSS und JavaScript zu erkennen.

Literaturverzeichnis

Flanagan, David, (2006): JavaScript - The definitive guide, 5. ed., S.l.: O'Reilly, 2006, S. 4; 504

Niederst Robbins, Jennifer, (2010): HTML & XHTML - Kurz & gut, 4. Aufl., Köln: O'Reilly, 2010, S. 1

o.V., (2015): What about JavaScript?, in: Bloomberg Businessweek, Nr. 4431, (2015), S. 78–80

Oh, Jaewon, Ahn, Woo Hyun, Jeong, Seungho, Lim, Jinsoo, Kim, Taegong Automated Transformation of Template-Based Web Applications into Single-Page Applications, (2013), S. 292

Internetdokument

Berners-Lee, Tim, (WWW, 1991): Re: status. Re: X11 BROWSER for WWW, <http://lists.w3.org/Archives/Public/www-talk/1991SepOct/0003.html>, (29.10.91), [Zugriff am 06.06.19]

Faulkner, Steve; Eicholz, Arron; Leithead, Travis; Danilo, Alex; Moon, Sangwhan, (HTML, 2017): HTML 5.2 - W3C Recommendation, 14 December 2017 <https://www.w3.org/TR/html52/> (2017), [Zugriff am 06.06.19]

Hickson, Ian; Berjon, Robin; Faulkner, Steve; Leithead, Travis; Doyle Navara, Erika; O'Connor, Theresa; Pfeiffer, Silvia, (HTML5, 2014): HTML5 - A vocabulary and associated APIs for HTML and XHTML <https://www.w3.org/TR/html50/> (2014), [Zugriff am 06.06.19]

ITU, (Internetnutzer, 2018): Anzahl der Internetnutzer weltweit in den Jahren 2005 bis 2017 <https://www.itu.int/en/ITU-D/Statistics/Documents/statistics/2018/ITU_Key_2005-2018_ICT_data_with%20LDCs_rev27Nov2018.xls> (01.12.18), [Zugriff am 08.06.19]

J. Etemad, Elika, (CSS, 2011): Selectors Level 4 - W3C Working Draft 29 September 2011 <https://www.w3.org/TR/2011/WD-selectors4-20110929/> (2011), [Zugriff am 06.06.19]

Le Hégaret, Philippe, (DOM, 2015): Document Object Model (DOM) <https://www.w3.org/DOM/> (2015), [Zugriff am 06.06.19]

o.V., (Directives, keine Datumsangabe): Creating Custom Directives <https://docs.angularjs.org/guide/directive> (keine Datumsangabe), [Zugriff am 26.06.19]

o.V., (Data Bindings, keine Datumsangabe): Data Binding <https://docs.angularjs.org/guide/databinding> (keine Datumsangabe), Zugriff am 26.06.19

o.V., (Filter, keine Datumsangabe): Filters <https://docs.angularjs.org/guide/filter> (keine Datumsangabe), [Zugriff am 26.06.19]

o.V., (Forms, keine Datumsangabe): Forms <https://docs.angularjs.org/guide/forms> (keine Datumsangabe), [Zugriff am 26.06.19]

o.V., (AngularJS, keine Datumsangabe): GitHub AngularJS <https://github.com/angular/angular.js/releases?after=v0.9.4> (keine Datumsangabe), [Zugriff am 28.06.19]

o.V., (Interpolation, keine Datumsangabe): Interpolation and data-binding <https://docs.angularjs.org/guide/interpolation> (keine Datumsangabe), [Zugriff am 26.06.19] o.V., (MVC, 2017): Model-View-Controller-Paradigma <https://glossar.hs-augsburg.de/Model-View-Controller-Paradigma> (22.09.17), [Zugriff am 08.06.19]

o.V., (Modules, keine Datumsangabe): Modules <https://docs.angularjs.org/guide/module> (keine Datumsangabe), [Zugriff am 26.06.19]

o.V., (Templates, keine Datumsangabe): Services <https://docs.angularjs.org/guide/services> (keine Datumsangabe), [Zugriff am 26.06.19]

o.V., (Templates, keine Datumsangabe): Templates <https://docs.angularjs.org/guide/templates> (keine Datumsangabe), [Zugriff am 26.06.19]

o.V., (Controllers, keine Datumsangabe): Understanding Controllers <https://docs.angularjs.org/guide/controller> (keine Datumsangabe), [Zugriff am 26.06.19]

o.V., (UX, keine Datumsangabe): User Experience <https://www.gruenderszene.de/lexikon/begriffe/user-experience> (keine Datumsangabe), [Zugriff am 25.06.19]

o.V., (Scopes, keine Datumsangabe): What are Scopes <https://docs.angularjs.org/guide/scope> (keine Datumsangabe), [Zugriff am 26.06.19]

o.V., (HTML-Tags, 1992): HTML Tags <https://www.w3.org/History/19921103-hypertext/hypertext/WWW/MarkUp/Tags.html> (1992), [Zugriff am 06.06.19]

Statista, (Internetnutzung, 2018): Entwicklung der durchschnittlichen täglichen Nutzungsdauer des Internets in Deutschland in den Jahren 2000 bis 2018 (in Minuten) <https://de.statista.com/statistik/daten/studie/1388/umfrage/taegliche-nutzung-des-internets-in-minuten/> (01.10.18), [Zugriff am 08.06.19]

Wasson, Mike, (SPA, 2013): ASP.NET - Single-Page Applications - Build Modern, Responsive Web Apps with ASP.NET <https://msdn.microsoft.com/en-us/magazine/dn463786.aspx?f=255&MSPPError=-2147217396> (2013), [Zugriff am 26.06.19]

Wium Lie, Håkon; Bos, Bert, (CSS, 1996): Cascading Style Sheets, level 1 <https://www.w3.org/TR/CSS1/> (1996), [Zugriff am 06.06.19]

Anhang

Im Anhang beigefügt, befinden sich die Internetquellen im PDF-Format. Bei der Nummerierung der einzelnen Quellen handelt es sich um die jeweilige Position im Quellenverzeichnis. Diese Position ist jedoch im Quellenverzeichnis nicht sichtbar, nachdem dies nach Leitfaden nicht erlaubt ist, somit muss manuell gezählt werden.

Programmcode

game.html

```html
<div class="jumbotron jumbotron-fluid">
        <div class="container">
                        <h1>Rock, Paper, Scissors</h1>
                        <p>Simulator</p>
        </div>
</div>

<div class="row">
        <div class="col">
                <h3 cass="span">Choose:</h3>
                <div cass="span">
                        <button type="button" class="btn btn-outline-primary" ng-repeat="x in
selection"><span ng-click="play($index)">{{x}}</span></button>
                        <p>
                                You Choose :              {{ownrps}} </br>
                                Computer Choose:          {{pcrps}} </br>
                                <h4>{{winner}}</h4>
                        </p>
                </div>
        </div>
        <div class="col">
                <h3 class="span">History</h3>
                <table class="table table-striped">
                        <tr class="span" ng-repeat="x in history track by $index">
                                <td>{{x}}</td>
                        </tr>
                </table>
        </div>
</div>
```

Home.html

```html
<div class="jumbotron jumbotron-fluid">
        <div class="container">
                        <h1>Home</h1>
                        <p>{{message}}</p>
        </div>
</div>
```

Controller.js

```javascript
game.controller('GameController',function($scope, checkResult, saveResult) {
    $scope.message        = 'Das kommt vom neuen Game Controller';
    $scope.selection      = ['Rock', 'Paper', 'Scissor'];
    var history = $scope.history = [];

        $scope.play = function (ownSelection) {
                $scope.ownrps       = $scope.selection[ownSelection];

                var pcSelection             = Math.floor((Math.random() * 3))
                $scope.pcrps                = $scope.selection[pcSelection];
```

```
                    var result                   = checkResult.winner(ownSelection, pcSelection);
                    $scope.winner         = result;
                    history.push(saveResult.save($scope.ownrps, $scope.pcrps , result));
            };

});

game.controller('HomeController', function($scope) {
            $scope.message = 'Das kommt vom Neuen Home Controller';

});
```

Game.js

```
var game = angular.module('myGame', ['ngRoute',]);

game.config(function($routeProvider){
  $routeProvider

    .when("/", {
    templateUrl : 'pages/home.html',
    controller  : 'HomeController'
  })

    .when("/game", {
    templateUrl : 'pages/game.html',
    controller  : 'GameController'
  })

    .otherwise({redirectTo: '/'});
});
```

Index.html

```
<!doctype html>
<html ng-app="myGame">
        <head>
                <script src="https://ajax.googleapis.com/ajax/libs/angularjs/1.7.8/angu-
lar.min.js"></script>
                <script src="https://ajax.googleapis.com/ajax/libs/angularjs/1.7.8/angular-
route.js"></script>
                <link rel="stylesheet" href="https://maxcdn.bootstrapcdn.com/boot-
strap/4.3.1/css/bootstrap.min.css">
        </head>
        <body>
                <ul class="nav nav-tabs">
                    <li class="nav-item">
                        <a class="nav-link" href="#/!">Home</a>
                    </li>
                    <li class="nav-item">
                        <a class="nav-link" href="#!/game">Game</a>
                    </li>
                </ul>

            <div ng-view></div>

                <script src="game.js"></script>
                    <script src="controller.js"></script>
                    <script src="services.js"></script>
        </body>
</html>
```

Services.js

```
game.service('checkResult', function (){
      this.winner = function (own, pc){
```

```
        if(own==pc){
               return 'it\'s a tie!'
        } else if (own==0 && pc == 1 || own==1 && pc == 2 || own==2 && pc == 0){
               return 'you lost the game!';
        } else {
               return 'you won the game!';
        }
     }
});

game.service('saveResult', function (){
      this.save = function (own, pc, result){
            var historyEntry= result + " YOU: " + own + " PC: " + pc;
            return historyEntry;
      }
});
```

BEI GRIN MACHT SICH IHR WISSEN BEZAHLT

- Wir veröffentlichen Ihre Hausarbeit, Bachelor- und Masterarbeit

- Ihr eigenes eBook und Buch - weltweit in allen wichtigen Shops

- Verdienen Sie an jedem Verkauf

Jetzt bei www.GRIN.com hochladen und kostenlos publizieren